瀬戸内「やまくに」の
いりこで
毎日おかず

ワタナベマキ

女子栄養大学出版部

いりこだしって
どんな味？

力強いコクと風味。
海の恵みが
たっぷり詰まってます。

INTRODUCTION

私が「やまくに」の皆さんといりこに出会ったのは数年前。イベントでご一緒させていただいたことがきっかけでした。それまでもときどきいりこを使うことはありましたが、一からとり方を教わっただしの味は、力強く、澄んでいて、頭をガツンと打たれたような衝撃を受けました。

いりこというと、体によいとわかってはいても、生ぐさい、使いづらい、というイメージをお持ちの方も多いかもしれません。けれど、私がこの本で伝えたいのは、「よいいりこを、きちんと知ること」。それに尽きます。よいいりこさえ選べば、だしをとることは実は簡単で、だし汁はもちろん、だしがらまでまるごと食べられるのも大きな魅力です。

「やまくに」の上質ないりこに魅せられ、いろいろと料理を作るうちに、自然と「このおいしさを伝える本を作りたい！」と思うようになり、どうしたら日々の生活にいりこを取り入れてもらえるか、たくさん悩み、考えました。レシピは、いりこのコクや風味と相性のいい食材や味つけを意識し、洋風のおかずにも積極的に活用しました。おなじみの料理もたくさんありますが、いつもの料理もだし汁をいりこだしにかえるだけで、新しいおいしさを感じてもらえるはず。いりこの奥行きのある味を、ぜひ皆さんのご家庭でも味わっていただけたらと思います。

ワタナベマキ

CONTENTS

第3章 もっと〃いりこ〃活用術

この本の決まりごと

- 大さじ1は15mℓ、小さじ1は5mℓ、1カップは200mℓです。
- 塩は自然塩、酒は純米酒、酢は米酢を使っています。
- いりこは「やまくに」のものを使いました。商品はP.110で紹介しています。他のいりこを使う場合は、P.011を参考に、できるだけ新鮮ないりこを選んでください。
- レシピ中の「パリパリいりこ」はいりこをパリパリに炒ったもの(→P.012参照)、「いりこだし」はいりこでとっただし汁(→P.013参照)のことです。自分で「パリパリいりこ」を作るかわりに、「やまくに」の「パリパリ焙煎いりこ」(→P.110参照)を使ってもOKです。

第1章

〃いりこだし〃の基礎知識

毎日いりこだしを使っていると、気になるのは「そもそもいりこって、どんなふうに作られているのだろう？」ということ。そこで、私が愛用するいりこを選別・加工している「やまくに」さんを訪ねて、いりこの原料や主な産地、製造方法などを伺いました。また「やまくに」のある香川県・観音寺市で作られている、いりこだしを使った郷土料理&家庭料理も教わりました。正しいいりこの選び方をふまえつつ、さまざまな料理に応用できる、「いりこだし」のとり方もマスターしましょう。

BASIC KNOWLEDGE
OF
IRIKO

IRIKO

身が引き締まり、つやつや輝くいりこ。関東では単に「煮干し」、関西では「じゃこ」と呼ばれることもあります。

いりこってどんな食べ物？

「いりこ」とは、カタクチイワシの煮干しのこと。主に西日本を中心に、だしの原料として使われています。新鮮なカタクチイワシの稚魚を煮て、乾燥させており、うま味成分「イノシン酸」が豊富に含まれています。サイズによって大羽（8〜10㎝）、中羽（6〜8㎝）、小羽（4〜6㎝）と区別され、うろこがはがれず銀色に輝くほど新鮮なうちに加工されたものは「銀付き」と呼ばれて高級品とされています。かつて昆布やかつお節が庶民には高価だった時代にも、いりこは身近なだし材料として親しまれていたそうです。

原料が青魚なので、製造・流通・保存管理が適切でないと、脂肪の酸化が進み、品質が低下します。そのため「いりこは生ぐさい」というイメージもありました。けれど良質な生産者を選び、だしのとり方や保存法に注意すれば、コクがあり、驚くほどおいしいだしが味わえるのです。

産地はどんなところ？

香川県観音寺市の西沖にある伊吹島は古くからいりこの産地として有名で、現在は17軒の網元が「伊吹いりこ」を生産。その品質の高さで知られています。全国のいりこ生産量のうち、約3割が長崎県産で、その他熊本、大分、福岡、山口、千葉、富山、広島、高知、愛媛などに生産地があります。

よいいりこの見分け方は？

背側が盛り上がり、「へ」の字に曲がったいりこが、鮮度のよい魚を加工したよいいりこと言われています。反対に背が反った逆「へ」の字で、腹が割れているのは加工時の鮮度が悪かったもの。色合いは、青みがかった銀白色が上質で、赤茶色のものは脂肪が酸化したよくない状態です。

悪いいりこ

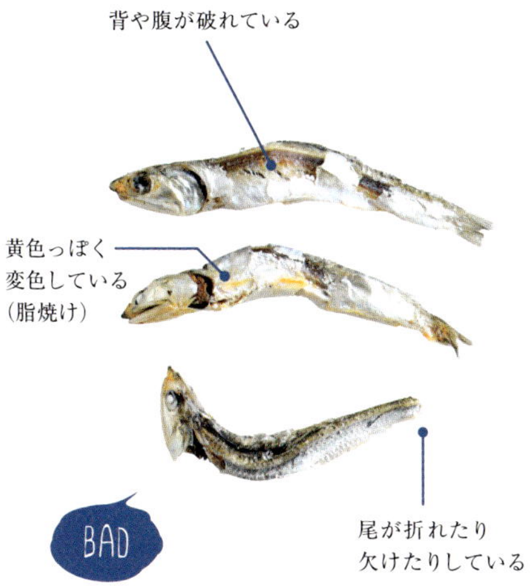

よいいりこ

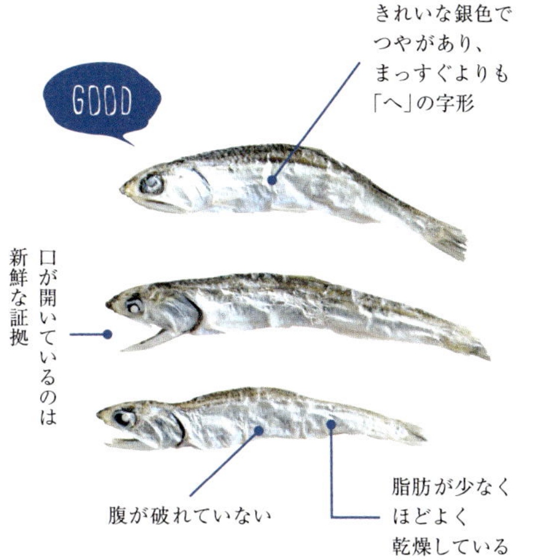

冷凍するときはなるべく空気を抜いて。解凍せず、そのまま使えます。

酸化が進むので日の光は避けて。あれば乾燥剤を入れておくとよい。

いりこの保存方法は？

「酸化」が大敵ないりこは、とにかく買ってすぐ、新鮮なうちに使い切るのが鉄則です。特に日光が苦手なので、常温におくときは密閉容器に入れ、日の当たらない場所で保存しましょう。可能なら、買ったその日にはらわたとエラを取り除いて保存するのがおすすめです(P.012参照)。すぐに使わない場合は、保存袋に入れて冷凍しておけば、約半年間保存可能。

"いりこだし"のとり方

さて、良質ないりこが
手に入ったら、
いよいよだしとり。
いりこは
パリパリの状態に
炒ってから
だしをとると、
生ぐささがなくなり
だしがらをそのまま
料理に活用しても
まるごとおいしく
食べられます。

まずは「パリパリいりこ」を作る

はらわた(内臓)とエラを取り除き、フライパンでから炒りします。買った直後にひと袋まとめてやっておくと、劣化も防げ、風味も落ちにくくなるのでおすすめです。

はらわたとエラを取る

1

いりこを頭と胴体に分ける。頭からもおいしいだしが出るので、必ず取っておく。

2

胴体の背中のほうから左右半分に割って、

3

黒いはらわたと、あれば黄色い卵を取り出す。これが生ぐささの原因になるので捨てる。

4

頭をあごのほうから指先で軽く押しつぶし、

5

半円状の、ギザギザしたエラを取り出し、ここもえぐみの原因になるので捨てる。

フライパンで炒る

6

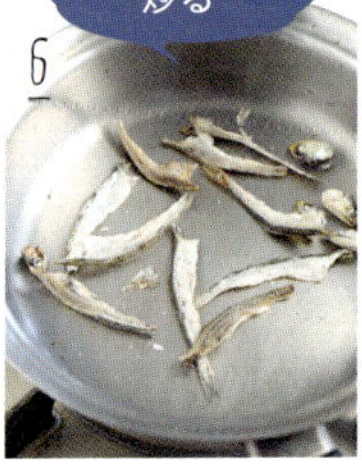

頭と胴体をフライパンに入れ、弱めの中火にかける。温まったらフライパンを揺すりながら、香ばしくなり、ほんのり色づくまで炒る。

7

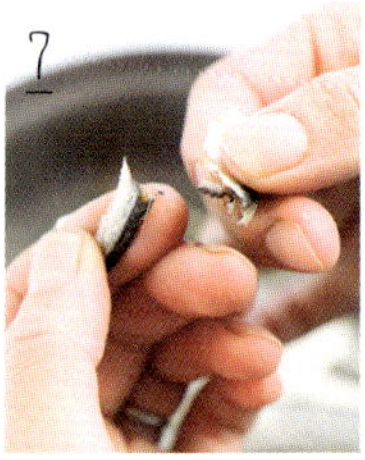

持ってみて、ポキンと折れるくらいが目安。

保存方法

粗熱が取れてから密閉容器に入れて保存。あれば乾燥剤を入れ、1か月以内に使い切る。
「やまくに」の「パリパリ焙煎いりこ」(P.110)を使う場合はこの作業は不要。

最初にこれをマスター！

BASIC

基本の「いりこだし」

この本で活用する「いりこだし」のとり方です。だしがらはキッチンペーパーで水けをふき、保存袋に入れて冷凍保存。たまったらだしがらを使ったレシピ(P.102～)に活用して。

＊冷蔵庫で２日間、冷凍庫で約１か月保存可能。

材料(作りやすい分量)

パリパリいりこ…５尾分(10本＋頭５個)

水…１ℓ

1

鍋にパリパリいりこ、分量の水を入れ、中火にかける。

2

アクが出てきたら取り、弱火にして、ゆるく対流するくらいの火加減で5分ほど煮出す。

3

火を止め、ざるでこし、保存用ポットに入れる。粗熱が取れたら、冷蔵庫で保存する。

忙しいときは!

VARIATION

「簡単いりこだし」

パリパリいりこを水に入れてひと晩おくだけの、気軽な水出し方法。雑味が少なくすっきりとした味わいがお好みの人は、こちらでも。煮出す時間がとれないときにも便利。

材料(作りやすい分量)

パリパリいりこ…5尾分(10本+頭5個)

水…1ℓ

作り方

保存用ポットにパリパリいりこと分量の水を入れ、冷蔵庫でひと晩おく。

＊ひと晩以上おくときは、いりこを取り除いて保存する。冷蔵庫で2日間、冷凍庫で約1か月保存可能。

だしを味わう料理に

VARIATION

「ゼイタクいりこだし」

いりこのうまみ「イノシン酸」に加え、昆布の「グルタミン酸」、干ししいたけの「グアニル酸」を加えた贅沢だし。だしの風味を存分に味わいたい料理には、ぜひこちらを。

材料(作りやすい分量)

パリパリいりこ
…5尾分(10本+頭5個)
干ししいたけ(小)…4枚
昆布…8cm角1枚
水…1ℓ

作り方

保存用ポットにパリパリいりこ、干ししいたけ、昆布、分量の水を入れ、冷蔵庫でひと晩おく。
または鍋で煮出してもよい。すべての材料を鍋に入れ、中火にかける。アクが出てきたら取り、弱火にして、ゆるく対流するくらいの火加減で5分ほど煮出す。火を止め、ざるでこし、保存用ポットに入れる。粗熱が取れたら、冷蔵庫で保存する。

＊ひと晩以上おくときは、いりこ、しいたけ、昆布を取り除いて保存する。冷蔵庫で2日間、冷凍庫で約1か月保存可能。
＊だしをとったあとの昆布やしいたけは、炒め物や煮物などに活用するとよい。

「やまくに」の いりこづくり

創業明治20年、
以来１３０年近くの
歴史を持つ「やまくに」。
瀬戸内海燧灘《ひうちなだ》産の
カタクチイワシを使った
良質ないりこを
選別・加工しています。
おいしいだしの秘密を
教わりに、その現場を
訪ねてみました。

THE YAMAKUNI FAMILY

私が愛用しているいりこは、香川県観音寺市にある小さな製造・加工元「やまくに」製のもの。山下公一さん・万紀子さん・加奈代さんが、たった3人で製造・検品・販売にいたるまで行っています。

観音寺市は香川県の西端。その西に広がるのが瀬戸内海燧灘。このあたりは、遠浅で海流がゆるやか。そのため骨や身がやわらかいカタクチイワシが育ち、水が浸透しやすく、だしの出がよいいりこになります。漁場と加工場が近く、水揚げからゆで上げ、乾燥までを抜群の鮮度を保ったまま行えるため、新鮮さが何より重要ないりこの生産地としても絶好の環境なのだそうです。

いりこは加工時の鮮度が低いとすぐに酸化してしまうため、酸化防止剤が添加されることもあるようですが、この環境のおかげで、「やまくに」ではいりこを完全無添加の自然食品として提供できるのです。

「やまくに」は明治の創業以来、そういった良質ないりこを扱い続けてきました。ちなみに屋号は、初代である山下國造さんの通り名からつけられたそうです。

主力商品である「銀付きいりこ」や「大羽いりこ」の良質な素材選びとともに「やまくに」がこだわるのは、徹底的な手作業で高い品質を保つこと。「かつて日本の家庭では、お母さんと子どもが一緒になっていりこを割り、はらわたを取り出す姿がよく見られたんです」と「いりこのおっちゃん」こと、公一さんは言います。さらにそれを炒ってパリパリの状態にしておくと、生ぐささや苦味がなくなり、日持ちも長くなるのです。かつて各家庭で行われていたその工程を「やまくに」が行い、製品化したのが「パリパリ焙煎いりこ」。はらわた取りを機械ではできませんから、一尾一尾すべて手作業で行っています。

右上・右下／就労支援事業所「ウィール社」の作業室。きっちり美しく割られたいりこに見入ります。中上／焙煎は45分から1時間かけて、とろ火でじっくりと。ときどき手で割り、状態を確認します。中下／焙煎後、大きなふるいにかけます。左／袋詰め前のいりこを検品。流れるようなスピードで「ダメいりこ」をしっかりチェック。

「やまくに」ではこの「手割り作業」の多くを、高知県にある知的・身体障がい者の就労支援事業所に委託しています。手間と根気がいる作業ですが、「真面目に、きれいに割ってもらえるので本当にありがたい」と公一さん。割ったいりこは「やまくに」の工場で選別・検品され、焙煎機でじっくり炒ったあと、ふるいにかけて粉を落とし、再び検品・袋詰めされます。これらの作業では、山下家3人の息の合った連係プレーが冴えわたります。作業を行う手元はどれも素早く流れるようなのに、ていねいでお見事！「大量生産品ではない、家族経営だからこそできる、誠意のある仕事をしていきたい」という言葉にも納得です。そうして袋に詰められたいりこたちは、どれも不思議といい表情。おいしい食べ物はやはり作り手の思いが表れると、あらためて納得してしまいました。

「いりこ」の製造工程

水揚げ
↓
水洗い・釜ゆで
↓
温風乾燥
↓
市場へ出荷→袋詰め
↓
手割りでエラと内臓を取り除く・検品
↓
焙煎・ふるい分け
↓
袋詰め

右上・中上／袋詰め作業の様子。袋に入れる人、それを計量する人のコンビネーションはさすがです。左上・左下／さまざまな人の手を経て、袋詰めされたいりこ。パッケージデザインは、高知在住のデザイナー・梅原真さんによるもの。右下／山下一家と。私の隣から「いりこのかあちゃん」こと万紀子さん、公一さん、娘の加奈代さん。

—IRIKO CUISINE TAUGHT BY THE YAMASHITA—

「やまくに」山下家に教わる〝いりこ料理〟

いりこ作りが家業の山下家。もちろん普段の食事でも、いりこだしは大活躍です。おみそ汁から、お惣菜やだしがらを活用したレシピまで、いりこと相性のいい食材も教えてもらいながら、実際に作る様子を見せていただきました。だしをとるときは、鍋の中でいりこが対流するように、小さなお茶パックではなく三角コーナー用の水きり袋を活用しているそう（写真上）。こうすると、ざるでこす必要もないので気楽ですね。

「だしをしっかりとっておくと、薄味でも満足できるので、結果的に塩分を控えめにできて健康的。いりこは根菜や青菜など力強い味わいの食材とよく合うんです」と万紀子さん。どれも本当においしそう！

具だくさんおみそ汁

No.1

いりこだしとコクのある根菜は相性抜群。
お好みの根菜を取り合わせて作ります。

材料(8～10人分)

里いも小5個は皮をむき、半分～4等分に切る。にんじん1/2本は厚めのいちょう切り、ごぼう小1本は包丁の背で皮をこそげ取り、斜め薄切りにして水にさらす。かぶ1個は食べやすい大きさに切り、油揚げ1/4枚は小さめの短冊切りにする。いりこだし2ℓを鍋に入れ、野菜類も加え、中火にかける。沸騰したら弱火にして、途中アクを取りながら、ごぼうが透き通ってくるまで煮る。油揚げ、麦みそを大さじ8～10ほど加えて火を止め、器に盛って刻んだかぶの葉をのせる。

いりことちくわ、長いものかき揚げ

No.2

いりこは具として楽しむだけでなく
あらかじめころもにひたして風味を移します。

材料(4人分)

ちくわ2本は1cm幅の斜め切り、さやいんげん5本はヘタを取り、斜め切りにする。長いも12cmは3cm長さの拍子木切りにし、薄力粉少々とともにポリ袋に入れ、軽く粉をまぶす。ボウルに薄力粉とビールを同量ずつ入れて軽く混ぜ、ころもを作って「パリパリ焙煎いりこ」(P.110参照)適量をひたし、やわらかくする。ちくわ、いんげん、長いもを合わせてころもにくぐらせ、いりこごとスプーン1杯分くらいずつすくい、170℃の揚げ油できつね色になるまで揚げる。青じそ8枚も同じころもにくぐらせ、さっと揚げる。

高菜いりこ豆腐

No.3

香川の郷土料理「まんばのけんちゃん」。
冬の食卓に並ぶ、定番料理です。

高菜
香川では「万葉《まんば》」「百花《ひゃっか》」とも呼ばれる三池高菜の一種。しっかりとした歯ごたえとコクのあるうま味が特徴。

材料（4～5人分）

高菜1束はさっとゆがいて冷水に取り、水けを絞って2cm幅に切る。油揚げ1/2枚は油抜きをして短冊切り、えび入りさつま揚げ1枚は食べやすい大きさに切る。鍋に菜種油大さじ1を中火で熱し、高菜、さつま揚げを炒める。いりこだし1と1/4カップ、いりこのだしがら10本、酒・しょうゆ各40mℓを加え、5分ほど煮る。油揚げを加え、水きりをした木綿豆腐1丁をくずし入れ、弱火にしてさらに煮含める。しょうゆ・みりん各適量で味を調え、火を止める。

「やまくに」のイベントでは定番の
いりこ入り炊き込みごはん。

いりこめし

No.4

昆布粉

昆布を粉末にしたもの。うま味成分のグルタミン酸を多く含み、いりこのイノシン酸と合わせることで、味に奥行きが生まれます。

材料（5人分）

にんじん1/4本は細い拍子木切り、ごぼう小1本は小さめのささがきに、油揚げ1/2枚は小さい短冊切りにする。しょうが2かけはみじん切りにする。米2合をといでざるに上げ、炊飯器の内釜に入れる。その上ににんじん、ごぼう、油揚げ、しょうが、「パリパリ焙煎いりこ」(P.110参照) 20g、昆布粉小さじ1を入れ、水360mℓを注ぎ、普通に炊く。蒸らし終わったら器に盛り、さっとゆでて小口切りにしたさやいんげん・青のり各少々を散らす。

だしがらいりこの佃煮

No.5

だしがらも、ごはんの友に変身。
甘みは砂糖のかわりにジュースと甘酒を活用。

材料（作りやすい分量）

こんにゃく1/4枚は塩少々をまぶしてもみ、熱湯をかけてくさみを取る。縦半分に切り、薄切りにする。ごぼう5cmは薄い小口切りに、しょうが2かけはせん切りにする。鍋にいりこのだしがら50本分、こんにゃく、ごぼう、しょうが、りんごジュース（果汁100％）250mℓ、甘酒300mℓを入れて中火にかけ、沸騰したら弱火にし、煮汁が1/3になるまで煮詰める。しょうゆ大さじ4を加え、4〜5分煮る。はちみつ大さじ2を加えて味見をし、しょうゆ、みりんで味を調える。最後に強火にして汁けを飛ばし、白いりごま適量を加え混ぜ、火を止める。

いりこコラム
-01-

讃岐うどんといりこの話

SANUKIUDON

宮川製麺所

香川県善通寺市中村町1-1-20
☎0877-62-1229
営業時間　8:00～18:00(麺が終了次第閉店)
定休日　日曜日

香川といえば讃岐うどん。讃岐うどんといえばいりこだしですが、残念ながら現在は、インスタントだしを使っているお店も少なくないそうです。そんな中、正真正銘の天然のいりこだしで知られているのが、観音寺市のお隣、善通寺市にある「宮川製麺所」。「やまくに」さんとは先代からのお付き合いだという、人気のうどん店です。

　おつゆは潔く、いりこだしにしょうゆと塩だけ。

「みりんや酒を入れがちだけど、甘みとうま味を間違えちゃだめ。まず最初はだしそのものの味と香りを楽しんで、薬味は少しずつ追加してね」と、おかみさん。だし用のいりこをお好みでのっけて、「いりこうどんだね」と喜ぶお客さんも多いそうです。

第2章

″いりこだし″で毎日のごはん

いりこだしの力強い風味や奥に感じられる塩け、うま味などを知り、使いこなせるようになると、いつもの料理もうんと新鮮な味わいに変化します。意外に感じられるかもしれませんが、和素材とはもちろんのこと、洋素材・エスニック素材などとも、実はしっくりなじむんですよ。だしそのものの味わいをしっかり楽しめるおみそ汁やお吸い物、毎日の食卓に登場させたいおかず、手軽な麺やごはんもの、スープから鍋料理まで、いりこだしの幅広い活用法をご紹介します。

IRIKO
X
DAILY DISHES

まずは おみそ汁と お吸い物

豚肉と長ねぎのおみそ汁→P.030

根菜粕汁→P.031

せん切り長いものお吸い物→P.031

豚肉と長ねぎのおみそ汁

いりこのパンチはお肉のボリューム感にも負けません。
白みそ仕立てにして、クリーミーに。

P.028

材料（2人分）

豚ロース薄切り肉 … 80g
長ねぎ … 5cm
いりこだし … 2カップ
白みそ … 大さじ2と1/2
七味唐辛子 … 少々

作り方

1. 豚肉は2cm幅に切る。長ねぎは斜め薄切りにする。
2. 鍋にだし汁を入れ、中火にかける。煮立ったら**1**を加えてアクを取り、再び沸いたら弱火にして5分ほど煮る。
3. みそを溶き入れ、沸騰直前で火を止める。器に盛り、七味唐辛子をふる。

MEMO

・他の「うま味」と、いりこだしを合わせる

たとえば「かつお昆布だし」は、かつお節と昆布というふたつの「うま味」を合わせることで、より深くコクのある味わいになります。いりこだしも同じで、いりこと何かうま味の出る素材を合わせることを意識してみるといいと思います。このおみそ汁では豚肉ですが、他にトマト、貝類、きのこ類なども積極的に合わせてみましょう。

根菜粕汁

根菜といりこだしは、風味の強いもの同士で相性抜群。
ごま油と酒粕の風味が、食欲をそそります。

P.029

材料（2人分）

かぼちゃ … 40g
れんこん … 80g
こんにゃく … 1/4枚
いりこだし … 2カップ
ごま油 … 小さじ1/2
酒粕 … 大さじ1
みそ … 大さじ1と1/2

POINT

全体にごま油がまわるように、木べらで軽く混ぜながら炒めていく。あらかじめ炒めてから煮ることで、味わいにもほどよい香ばしさが加わる。

作り方

1. かぼちゃはところどころ皮をむき、3cm角に切る。れんこんは皮をむき、7～8mm厚さのいちょう切りにし、水にさっとさらす。こんにゃくは2分ほどゆでて表面をたたき、1.5cm角に切る。
2. 鍋にごま油を中火で熱し、**1**を入れ、全体がしんなりするまで炒める(a)。
3. だし汁を加え、アクを取りながらひと煮立ちさせる。弱火にして、お玉1杯分の煮汁で溶いた酒粕を加え、再び沸いたらみそを溶き入れ、火を止める。

せん切り長いものお吸い物

長いものシャキシャキした歯ごたえが小気味いい。
青じそとすだちの清涼感が、力強いだしとよく合います。

P.029

材料（2人分）

長いも … 80g
いりこだし … 2カップ
塩 … 小さじ1/4
青じそ … 2枚
すだち（輪切り）… 4枚

作り方

1. 長いもは皮をむき、せん切りにする。青じそもせん切りにする。
2. 鍋にだし汁を入れ、中火にかける。煮立ったら長いもを加えて軽くアクを取り、弱火にして1分ほど煮る。
3. 塩を加えて火を止め、器に盛り、青じそ、すだちをのせる。

わかめとたけのこの磯汁

若竹と新わかめの季節に、ぜひ作りたいお吸い物。
うま味の強いわかめは、海の幸同士でいりことよく合います。

材料（2人分）

わかめ（塩蔵）… 20g
たけのこ（水煮）… 80g
いりこだし … 2カップ
塩 … 小さじ1/5

塩蔵わかめ

乾燥タイプと比べて香りが強く、フレッシュな塩蔵わかめ。春には新わかめを使うのもおすすめ。

作り方

1. わかめは流水で洗い、たっぷりの水に5分ほどつけて戻し、食べやすい長さに切る。たけのこは放射状に7～8mm厚さに切る。
2. 鍋にだし汁、**1**を入れ、中火にかける。煮立ったら弱火にして、アクを取りながら7分ほど煮る。
3. 塩を加え、味を調える。器に盛り、あればみつば（分量外）をのせる。

はんぺんのおすまし

いりこと練り製品の相性のよさは、ぜひ覚えておいて。
はんぺんからも塩けが出るので、味つけは控えめに。

材料（2人分）

はんぺん … 1/2枚
A いりこだし … 2カップ
　酒 … 小さじ1
しょうゆ … 小さじ1/3
細ねぎ … 1本
ゆずの皮（せん切り）… 少々

作り方

1. はんぺんは1cm角に切る。
2. 鍋に**A**を入れ、中火にかける。煮立ったら**1**を加える。再び沸いたら弱火にし、しょうゆを加え、さっと煮て火を止める。
3. 器に盛り、小口切りにした細ねぎとゆずの皮を散らす。

いりこだしで毎日おかず

厚切りふろふき大根→P.036

鶏とごぼう、いんげんの揚げびたし→P.037

厚切りふろふき大根

だしをたっぷり吸ったふろふき大根は、寒い日のお楽しみ。
やわらかくなっただしがらも、一緒にいただきましょう。

P.034

材料（2人分）

大根 … 20cm
米のとぎ汁 … 1ℓ
A
いりこだし … 1ℓ
酒 … 大さじ1
塩 … 小さじ1/4
B
白みそ … 大さじ3
みりん … 大さじ2
塩 … 小さじ1/5
いりこのだしがら … 適宜
粉山椒 … 少々

作り方

1. 大根は5cm厚さに切り、皮を厚めにむき、片面に十字に隠し包丁を入れる。
2. 鍋に**1**、米のとぎ汁を入れ、中火にかける。煮立ったら弱火にし、20分ほど煮る。ざるに上げ、流水でよく洗う。
3. 鍋に大根を戻し入れ、**A**を加えて中火にかける。煮立ったら弱火にし、さらに10分ほど煮る。塩を加え、さらに10分ほど煮る。
4. 小鍋に**B**を入れて弱火にかけ、焦がさないように木べらなどで混ぜながら煮詰める。
5. 器に**3**を盛り、**4**をかけ、だしがらをのせて粉山椒をふる。

MEMO

・だしがらも一緒にいただく

はらわたを取ってパリパリに炒ったいりこは、煮物やスープなど一緒に煮込んでも、生ぐさくなりません。なので料理によっては、だしがらも一緒に食べて大丈夫。不足しがちなカルシウムもとれるので、特に小さなお子さんがいる家庭ではおすすめです。だしがらを活用した料理もP.102～で紹介しているので、チェックしてみてください。

鶏とごぼう、いんげんの揚げびたし

淡白な鶏むね肉が、油といりこでボリュームアップ。
この漬け汁は、他の根菜やきのこ類とも合うので覚えておくと便利です。

P.035

材料（2人分）

鶏むね肉 … 300g
ごぼう … 2本
さやいんげん … 8本
エリンギ … 3本
酒 … 大さじ2
A
いりこだし … 1と1/4カップ
いりこのだしがら … 6～7本
ナンプラー … 大さじ2
酢 … 大さじ2
片栗粉 … 大さじ3
揚げ油 … 適量

作り方

1. 鶏肉は好みで皮を取り除き、ひと口大に切って酒をもみ込む。ごぼうは皮をこそげ取り、6cm長さに切り、太いものは縦2等分にし、水に5分ほどさらす。いんげんは端を切り落とし、固い筋があるものは取る。エリンギは長さを半分に切ってから縦2等分に切る。
2. バットに**A**を合わせる。
3. 揚げ油を170℃に熱し、水けをふいたごぼうを入れ、やわらかくなるまで3～5分素揚げする。続いていんげん、エリンギを入れ、2分ほど揚げる。それぞれ油をよくきり、**2**に漬ける。
4. 鶏肉は片栗粉を薄くはたき(a)、揚げ油に入れ、きつね色になるまで揚げる。油をきって**3**に漬ける。漬けてすぐ食べても、時間をおいてしみ込ませてもよい。

POINT

片栗粉はダマにならないように、薄くつけるのがポイント。鶏肉にまぶしたあと、鶏肉同士で軽くはたくようにすると、余分な粉が落ちる。

いりこのだし巻き卵→P.040

さやいんげんの煮びたし
→P.040

さやいんげんのくったり煮
→P.041

新じゃがと玉ねぎのいりこ煮→P.041

いりこのだし巻き卵

だしをとったら、まずは楽しみたい定番のお惣菜。
てんさい糖で、ほんのり甘みを加えました。

P.038

材料（作りやすい分量）

卵 … 4個
A
- いりこだし … 大さじ4
- 塩 … 小さじ1/5
- てんさい糖 … 小さじ1/2

太白ごま油 … 小さじ1

作り方

1. ボウルに卵を割り入れ、泡立てないようにやさしく溶き、Aを加えて混ぜる。
2. 卵焼き器にごま油を中火で熱し、1の1/7量を流し、広げる(a)。奥に寄せ(b)、薄くごま油(分量外)をひき、あいた部分に1を同量流し、広げる(c)。菜箸で寄せた卵を少し持ち上げて、下にも卵液を流し入れる。
3. 8分目ほど火が通ったら巻いていく(d)。同じ作業を6回くり返す。
4. 焼き上がったら巻きすで軽く巻き、粗熱が取れたら切り分ける。

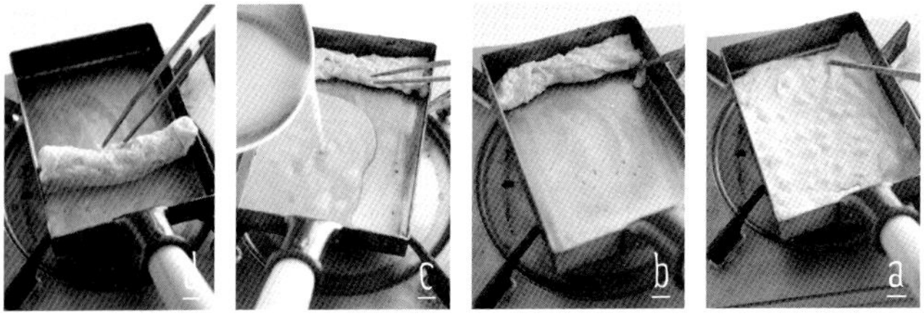

POINT

卵液を全体に広げ、気泡が出たら菜箸でつぶす。表面が乾ききらないうちに奥側に寄せ、軽く油をひいて卵液を流す。奥から手前に向かって巻いていく。

さやいんげんの煮びたし

煮る時間を短めにして、いんげんのさわやかさを味わいます。
いりこだし＆しょうが風味の、ホットサラダ感覚な一品。

P.039

材料（2人分）

さやいんげん … 16本
A
- しょうが(せん切り) … 1かけ分
- パリパリいりこ … 12本
- 水 … 1と1/2カップ
- 酒 … 大さじ1

塩 … 小さじ1/3

作り方

1. いんげんは端を切り落とし、固い筋があるものは取る。
2. 鍋に1、Aを入れ、中火にかける。煮立ったら塩を加え、弱火にし、落としぶたをして8分ほど煮る。

さやいんげんのくったり煮

「煮びたし」と似たような材料ですが
くたくたに煮れば、食感・味わいに変化が生まれます。

P.039

材料（2人分）

さやいんげん … 16本
パリパリいりこ … 6本
ごま油 … 小さじ1/2
A
　みりん … 大さじ1
　酒 … 大さじ1
　水 … 1カップ
しょうゆ … 小さじ2

作り方

1. いんげんは端を切り落とし、固い筋があるものは取る。
2. 鍋にごま油を中火で熱し、**1**、パリパリいりこを炒める。油がなじんだら**A**を加え、アクを取りながらひと煮立ちさせる。
3. 弱火にしてしょうゆを加え、落としぶたをして汁けがなくなるまで15分ほど煮る。

新じゃがと玉ねぎのいりこ煮

「肉じゃが」のお肉のかわりにいりこを使ったイメージです。
シンプルですが、いりこの力強さを味わえる煮物。

P.039

材料（2人分）

新じゃがいも … 8個
玉ねぎ … 1個
A
　パリパリいりこ … 6本
　水 … 2カップ
酒 … 大さじ1
塩 … 小さじ1/3

作り方

1. 新じゃがは水でよく洗って半分に切り、水に5分ほどさらして水けをきる。玉ねぎは6等分のくし形に切る。
2. 鍋に**1**、**A**を入れて中火にかけ、アクを取りながらひと煮立ちさせる。
3. 酒を加え、弱火にして8分ほど煮る。塩を加え、さらに5分ほど煮る。

かぶと油揚げのさっと煮→P.044

カリフラワーと桜えびの煮びたし→P.044

牛すね肉と卵のいりこ煮→P.045

かぶと油揚げのさっと煮

油揚げは軽く焼くことで、香ばしさが増します。
だしをたっぷり吸ったかぶとお揚げが絶品。

P.042

材料（2人分）

かぶ … 2個
油揚げ … 1枚
A
- パリパリいりこ … 8本
- 水 … 1と1/2カップ
- 酒 … 大さじ2

塩 … 小さじ1/4
ゆずの皮（せん切り） … 適量

作り方

1. かぶは4等分に切る。油揚げは焼き網かグリルでさっと焼き（a）、1.5cm幅に切る。
2. 鍋に**1**、Aを入れ、中火にかける。アクを取りながらひと煮立ちさせ、弱火にして塩を加え、ふたをして12分ほど煮る。ゆずの皮を散らし、火を止める。

POINT

油揚げは焼き網かグリルで軽い焦げ目がつくくらいまで焼くと、風味が増し、余分な油も抜ける。強火にするとあっという間に焦げてしまうので注意。

カリフラワーと桜えびの煮びたし

いりこと桜えびのダブルだしで、ほとんど味つけいらず。
ほっこり煮たカリフラワーの食感が、クセになるおいしさです。

P.042

材料（2人分）

カリフラワー … 1/2株
桜えび … 8g
A
- いりこだし … 1と1/2カップ
- 酒 … 大さじ1

しょうゆ … 小さじ1

作り方

1. カリフラワーは小房に分ける。
2. 鍋に**1**、桜えび、Aを入れ、中火にかける。アクを取りながらひと煮立ちさせ、弱火にしてしょうゆを加え、ふたをして12分ほど煮る。

桜えび

うま味が強く、いいだしが出るので、いりこと使うと相乗効果が。色鮮やかなものが、新鮮な証拠。

牛すね肉と卵のいりこ煮

いりこだしのコクがあるので、ごくシンプルな味つけでも
満足する味わいに。汁までおいしい煮物です。

P.043

材料(作りやすい分量)

牛すね肉 … 500g
ごぼう … 1本
長ねぎ … 2本
ゆで卵 … 4個
しょうが … 1かけ
ごま油 … 小さじ2
A 紹興酒(酒でも可) … 1/4カップ
　いりこだし … 3と1/2カップ
塩 … 小さじ1/2
一味唐辛子 … 少々

作り方

1. 牛肉はキッチンペーパーで血などのよごれをふき取る(a)。ごぼうは皮をこそげ取り、7cm長さに切り、太いものは縦2等分にする。長ねぎは5cm長さに切る。しょうがは皮つきのまま薄切りにする。
2. 鍋にごま油を中火で熱し、しょうがを炒める。香りが立ったら牛肉を加え、表面に焼き目をつける。
3. ごぼう、長ねぎを加え、さっと炒める。**A**を加え、アクを取りながらひと煮立ちさせる。
4. 弱火にして塩を加え、ふたをして50分ほど煮る。ゆで卵を加え、さらに10分ほど煮る。牛肉を食べやすく切って器に盛り、一味唐辛子をふる。

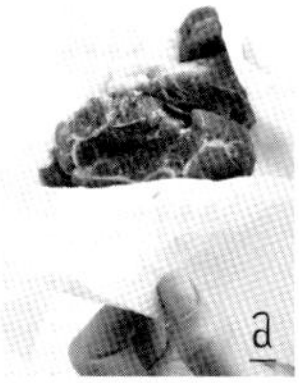

POINT

牛すね肉は骨のまわりに血などのよごれがつくことが多いので、キッチンペーパーでふき取っておく。このひと手間で煮汁がにごらず、きれいに仕上がる。

豚バラ肉のいりこワイン煮→P.048

きのこといりこの
マリネ→P.049

新玉ねぎと生ハムの
オイル蒸し→P.049

豚バラ肉のいりこワイン煮

いりこと豚肉、トマトのうま味が一体になったボリュームおかず。
豚肉はしっかり常温に戻してから調理しましょう。

P.046

材料(作りやすい分量)

豚バラかたまり肉 … 500g
玉ねぎ … 1個
ミニトマト … 8個
にんにく(つぶす) … 1片分
パリパリいりこ … 15本
塩 … 小さじ3/4
オリーブオイル … 小さじ1
A ┃ 白ワイン … 1/4カップ
　┃ 水 … 4カップ
こしょう … 少々
パセリ(みじん切り) … 少々

作り方

1. 豚肉に塩をよくすり込む(a)。玉ねぎは8等分のくし形に切る。
2. 鍋ににんにく、オリーブオイルを中火で熱し、香りが立ったら豚肉を加え、表面に焼き目をつける(b)。玉ねぎ、パリパリいりこを加え、玉ねぎが透き通るまで炒める。
3. Aを加え、アクを取りながらひと煮立ちさせる。弱火にし、ふたをして1時間ほど煮る。
4. ヘタを取ったミニトマトを加え、さらに10分ほど煮る。塩少々(分量外)、こしょうで味を調え、器に盛り、パセリをふる。

POINT

塩は手でもみ込み、水分が出たらキッチンペーパーで軽くふく。鍋の中で焼きつけ、鍋底に軽くこびりついてもそれがうま味になるので、そのまま煮る。

きのこといりこのマリネ

いりことレモンの酸味は、お互いを引き立て合います。
きのこはお好みのものを数種類取り合わせて。

P.047

材料（作りやすい分量）

しめじ … 100g
しいたけ … 4枚
エリンギ … 2本
パリパリいりこ … 8本
にんにく（つぶす） … 1片分
赤唐辛子（種を取る） … 1/2本
オリーブオイル … 大さじ2
白ワイン … 1/4カップ
塩 … 小さじ1/2
レモン汁 … 大さじ2
レモン（薄切り） … 3〜4枚
粗びき黒こしょう … 少々

作り方

1. しめじは石づきを落とし、ほぐす。しいたけは石づきを落とし、5mm厚さの薄切りにする。エリンギは長さを半分に切ってから縦5mm厚さに切る。
2. フライパンににんにく、オリーブオイルを中火で熱し、香りが立ったらパリパリいりこ、赤唐辛子、**1**を加え、しんなりするまで炒める。
3. 白ワインを加えてひと煮立ちさせ、塩、レモン汁を加えてさっと炒め合わせる。レモンを加え、黒こしょうをふる。

新玉ねぎと生ハムのオイル蒸し

甘みが強くやわらかな新玉ねぎを、だしでさっと煮ます。
生ハムからもうま味と塩けが出て、調味料的な役割に。

P.047

材料（2人分）

新玉ねぎ … 2個
生ハム … 80g
塩 … 小さじ1/5
A
　いりこだし … 1カップ
　白ワイン … 大さじ1
　オリーブオイル … 大さじ1と1/2
粗びき黒こしょう … 少々

作り方

1. 新玉ねぎは繊維に沿って5mm厚さの薄切りにし、塩をふる。生ハムは食べやすい大きさに切る。
2. 鍋に**1**、**A**を入れ、ふたをして中火にかける。煮立ったら弱火にし、6分ほど蒸し煮にする。
3. 器に盛り、黒こしょうをふる。

厚揚げとトマトのいりこサラダ

ナンプラーや香菜を加えたタイ風サラダに
パリパリいりこを、トッピング素材として活用します。

材料（2人分）

厚揚げ … 1枚
ミニトマト … 10個
紫玉ねぎ … 1/2個
香菜 … 1束

A
- パリパリいりこ … 8本
- にんにく（みじん切り）… 1/2片分
- しょうが（みじん切り）… 1/2かけ分
- ナンプラー … 大さじ1
- レモン汁 … 大さじ1
- 白いりごま … 小さじ2
- オリーブオイル … 大さじ1

作り方

1. 厚揚げは焼き網かグリルで焼き目がつくまで焼き、縦半分に切ってから横1cm幅に切る。ミニトマトはヘタを取って4等分に切る。紫玉ねぎは繊維に沿って薄切りにし、水に3分ほどさらし、キッチンペーパーで水けをふく。
2. ボウルに**1**、**A**を入れ、あえる。ざく切りにした香菜を加え、さっとあえる。

MEMO

・「パリパリいりこ」をトッピングに

そのままおつまみとして食べてもおいしい「パリパリいりこ」は、トッピング食材としても優秀です。うま味とほどよい塩けが加わり、食感のアクセントにも。サラダやマリネにふりかけたり、ピザトーストにのせてみたり。軽く砕いて、混ぜごはんやスープにもどうぞ。

キャベツと
切り干し大根のだし煮→P.054

長ねぎの
いりこマリネ→P.054

あさりのスープカレー煮→P.055

キャベツと切り干し大根のだし煮

キャベツと切り干し大根、ふたつの食感がアクセントに。
気負わず手軽に作れますが、しみじみおいしいお惣菜です。

P.052

材料（2人分）

キャベツ … 5枚
切り干し大根 … 20g
A
　パリパリいりこ … 8本
　水 … 1カップ
　酒 … 大さじ1
しょうゆ … 小さじ2

作り方

1. キャベツは太めのせん切りにする。切り干し大根は軽くもみ洗いし、たっぷりの水に8分ほどつけて戻す。水けを絞り、食べやすい長さに切る。
2. 鍋にAを入れ、中火にかける。煮立ったら**1**を加えて弱火にし、ふたをして10分ほど煮る。しょうゆを加え、さらに5分ほど煮る。

長ねぎのいりこマリネ

いりこだし＋ビネガーの酸味のおいしさを味わえる洋風マリネ。
ワインにもよく合うので、人が集まる日の前菜にも。

P.052

材料（2人分）

長ねぎ … 2本
にんにく（つぶす）… 1片分
オリーブオイル … 大さじ2
A
　パリパリいりこ … 12本
　白ワイン … 大さじ2
　白ワインビネガー … 大さじ2
　塩 … 小さじ1/3
こしょう … 少々

作り方

1. 長ねぎは8cm長さに切る。
2. フライパンにオリーブオイル、にんにくを中火で熱し、**1**を入れて軽く焼き目がつくまで焼く。
3. Aを加えてひと煮立ちさせ(a)、弱火にし、ふたをして8分ほど煮る。こしょうをふり、火を止める。

POINT

最初のうちは強めの火加減で、ワインのアルコール分をしっかり飛ばす。また、火を入れることで、ビネガーの酸味の角が取れてまろやかな味わいに。

あさりのスープカレー煮

いりこだし＋カレーに、あさりのうま味もプラス。
カレーうどんのように、スープも飲み干したくなります。

P.053

材料（2人分）

あさり（砂抜きしたもの）… 250g
にんじん … 1本
グリーンアスパラ … 2本
玉ねぎ … 1個
パリパリいりこ … 8本

A	にんにく（薄切り）… 1片分 オリーブオイル … 小さじ1 カレー粉 … 小さじ2
B	酒 … 大さじ2 水 … 3カップ
C	ガラムマサラ（あれば）… 小さじ1/2 しょうゆ … 小さじ1 塩 … 小さじ1/3 こしょう … 少々

作り方

1. にんじんは長さを半分に切ってから縦半分に、アスパラは縦半分に切る。玉ねぎは6等分のくし形に切る。
2. 鍋に**A**を中火で熱し、香りが立ったらにんじん、玉ねぎ、パリパリいりこを入れ、軽く炒める。
3. **B**を加え、アクを取りながらひと煮立ちさせ、弱火にしてふたをし、8分ほど煮る。
4. あさり、アスパラを加え、5分ほど煮る。**C**を加え、ひと煮立ちさせる。

ボリューム満点の ごはんもの＆麺

いりこと香菜の炒めごはん
フライドエッグのせ→P.058

いりこだしのおかゆ→P.059

いりこと梅の混ぜごはん→P.059

いりこと香菜の炒めごはん　フライドエッグのせ

香ばしいパリパリいりこを具材にしたチャーハン。
目玉焼きをくずしながら、めし上がれ。

P.056

材料（2人分）

ごはん … 茶碗2杯分(300g)
パリパリいりこ … 10本
長ねぎ … 1/4本
香菜 … 1/2束
卵 … 2個
ごま油 … 小さじ2
塩 … 小さじ1/2
こしょう … 少々

作り方

1. パリパリいりこは4～5等分に砕く。長ねぎはみじん切りに、香菜はざく切りにする。
2. フライパンにごま油を中火で熱し、いりこ、長ねぎを炒める。しんなりしたらごはんを加えて炒め合わせ、塩を加えて手早く炒める。
3. 香菜を加えてさっと炒め、こしょうをふる。
4. 別のフライパンにごま油少々（分量外）を中火で熱し、卵を割り入れて目玉焼きを作る。器に**3**を盛り、目玉焼きをのせる。お好みで粗びき黒こしょう(分量外)をふる。

MEMO

・いりこに油をなじませる

しっかりしたコクと塩けがあるいりこは、油との相性も抜群です。つい素朴で和風な味つけを考えがちですが、いりこそのものを炒め物や揚げ物にするのもおすすめですし、ごま油や菜種油はもちろんのこと、オリーブオイルなど洋風オイルともよくなじみます。つまりボリュームのある味つけに向いているので、食がすすむメニューも考えやすいのです。

いりこだしのおかゆ

シンプルなぶん、いりこの「だし力」を存分に感じられる一品。
梅干しや岩のりなど、お好みで薬味を加えて。

P.057

材料（作りやすい分量）

米 … 1/2合
A パリパリいりこ … 8本
水 … 1ℓ
塩 … 小さじ1/3
白いりごま … 小さじ1
すだち（薄切り）… 2枚

作り方

1. 米はとぎ、ざるに上げる。
2. 鍋に**1**、Aを入れ、中火にかける。煮立ったら弱火にし、ふたをして、ときどき混ぜながら50分ほど煮る。
3. 塩を加え、味を調える。器に盛り、すだちをのせ、ごまをふる。

いりこと梅の混ぜごはん

いりこだしで炊いて、だしがらもそのまま具材としていただきます。
梅とみつばの清涼感がポイントで、おむすびにもおすすめ。

P.057

材料（作りやすい分量）

米 … 2合
パリパリいりこ … 12本
梅干し（種を取る）… 4個
みつば … 1/2束

作り方

1. 米はとぎ、ざるに上げる。パリパリいりこは3等分に折る。
2. 鍋に**1**、水2カップを入れ、ふたをして強火にかける。煮立ったら弱火にし、12分ほど炊く。火を止め、15分ほど蒸らす。
3. 梅干しを加えて混ぜ、ざく切りにしたみつばを加え、さっと混ぜる。

いりこと
グリーンピースの
炊き込みごはん→P.062

いりことマッシュルームのリゾット→P.062

いりことドライトマトのピラフ→P.063

いりことグリーンピースの炊き込みごはん

グリーンピースをだしで煮て、その煮汁でごはんを炊きます。
豆は最後に戻すようにすると、きれいな緑色が保たれます。

P.060

材料（作りやすい分量）

米 … 2合
グリーンピース … 正味300g
塩昆布 … 15g
A
- パリパリいりこ … 12本
- 酒 … 大さじ2
- 水 … 380mℓ

作り方

1. 米はとぎ、ざるに上げる。
2. 鍋にAを入れて中火にかける。煮立ったらグリーンピースを加え、2分ほど煮てグリーンピースだけを一度取り出す。煮汁は粗熱を取る。
3. 別の鍋に**1**、**2**の煮汁といりこ、塩昆布を入れ、ふたをして強火にかける。煮立ったら弱火にし、15分ほど炊く。火を止め、10分ほど蒸らす。
4. **2**のグリーンピースを加え、さらに5分ほど蒸らす。

いりことマッシュルームのリゾット

うま味の強いマッシュルームといりこをリゾットに。
チーズをふらなくても、充分深みのある味わいです。

P.060

材料（2人分）

米 … 1/2合
パリパリいりこ … 10本
玉ねぎ … 1/2個
マッシュルーム … 6個
にんにく（みじん切り） … 1/2片分
オリーブオイル … 大さじ1
A
- 白ワイン … 大さじ3
- 水 … 2カップ

塩 … 小さじ1/3
こしょう … 少々

作り方

1. パリパリいりこは3等分に折る。玉ねぎはみじん切りに、マッシュルームは石づきを落とし、3mm厚さの薄切りにする。
2. フライパンにオリーブオイル、にんにくを弱めの中火で熱し、香りが立ったら**1**を加え、さっと炒める。
3. 米を加えてひと混ぜし、Aを加えてときどき混ぜながら、20分ほど煮る。
4. 塩、こしょうを加え、味を調える。

いりことドライトマトのピラフ

いりことドライトマトの塩分を利用するので
塩を加えなくても、しっかり味が引き締まります。

P.061

材料（作りやすい分量）

米 … 2合
パリパリいりこ … 12本
玉ねぎ … 1/2個
ドライトマト … 5個
にんにく（みじん切り） … 1/2片分
オリーブオイル … 大さじ1
A 白ワイン … 1/4カップ
　水 … 1と3/4カップ
パセリ（みじん切り） … 大さじ1

作り方

1. 米はとぎ、ざるに上げる。パリパリいりこは3等分に折る。玉ねぎはみじん切りに、ドライトマトは粗く刻む。
2. 鍋にオリーブオイル、にんにくを弱めの中火で熱し、香りが立ったらいりこ、玉ねぎ、ドライトマトを加え、炒める。
3. 米を加え混ぜ、全体がなじんだら**A**を加え、アクを取りながらひと煮立ちさせる。ふたをして15分ほど炊き、火を止めて15分ほど蒸らす。
4. 器に盛り、パセリを散らし、オリーブオイル適量（分量外）をまわしかける。

MEMO

・「調味料」のイメージでいりこを使う

イタリアやスペイン料理でおなじみのアンチョビは、実はいりこと同じカタクチイワシが原料。塩漬けで保存されているので、パスタやリゾット、サラダなどに調味料的な役割として使われることも多いです。いりこも同じようにイメージすると、使い道が広がります。このリゾットも、そんなふうにして生まれたレシピです。

いりこともやし、かまぼこの焼きそば

いりこをパリパリの状態から炒め、なじませていきます。
かまぼこを加えると、どこかなつかしい味わいに。

材料（2人分）

焼きそば用蒸し麺 … 2袋
パリパリいりこ … 12本
もやし … 1/2袋(100g)
かまぼこ … 80g
香菜 … 1/2束
ごま油 … 小さじ2
酒 … 大さじ2
ナンプラー … 大さじ1

作り方

1. もやしはひげ根を取る。かまぼこは7〜8mm幅の棒状に切る。香菜はざく切りにする。
2. フライパンにごま油を中火で熱し、パリパリいりこ、かまぼこを炒める。油がなじんだら麺、酒を加え、ほぐしながら炒める。
3. もやしを加えてさっと炒め合わせる。ナンプラーで味を調え、香菜を加えてさっと混ぜる。

MEMO

・いりこと練り製品

「やまくに」のある香川県は、ちくわやかまぼこ、はんぺんなど練り製品の名産地でもあります。これら練り製品といりこだしは、海産物同士ということもあり、味の相性も抜群。それぞれに塩けとうま味があるので、煮物や炒め物、あえ物などで合わせて一緒に使うと、味わいに奥行きが生まれます。

いりこの豆乳そうめん→P.068

いりことにらのビーフン炒め
→P.069

いりこの中華そば→P.069

いりこの豆乳そうめん

淡白な豆乳そうめんも、パンチのあるいりこで味が締まります。
シャキシャキした歯ごたえの豆苗を彩りに。

P.066

材料（2人分）

そうめん … 3束
玉ねぎ … 1/2個
豆苗 … 1/2袋
A
- パリパリいりこ … 10本
- 水 … 1/2カップ
- 酒 … 大さじ1

B
- 豆乳 … 1と1/2カップ
- ナンプラー … 大さじ1

粗びき黒こしょう … 少々

作り方

1. 玉ねぎは7〜8mm厚さに切る。豆苗は根元を切り落とす。
2. 鍋にAを入れて中火にかける。アクを取りながらひと煮立ちさせ、玉ねぎを加えて6分ほど煮る。
3. Bを加えて味を調え、豆苗を加えてさっと煮る。
4. 別の鍋でそうめんを袋の表示通りにゆでて器に盛り、3を注ぎ、黒こしょうをふる。

いりことにらのビーフン炒め

黒酢といりこだしは、食がすすむ組み合わせ。
つるんとしたビーフンが、いりこだしをたっぷり吸います。

P.067

材料（2人分）

ビーフン（乾燥）… 120g
玉ねぎ … 1/2個
パプリカ（黄）… 1/2個
にら … 1/2束

A
- パリパリいりこ … 12本
- しょうが（せん切り）… 1かけ分
- 赤唐辛子（種を取って小口切り）… 1/2本分

B
- 紹興酒（酒でも可）… 大さじ2
- 黒酢（酢でも可）… 大さじ1
- しょうゆ … 小さじ2
- 水 … 1/4カップ

ごま油 … 小さじ2

作り方

1. ビーフンはたっぷりの湯に10分ほどつけて戻し、水けをきる。
2. 玉ねぎは繊維に沿って2mm厚さに切る。パプリカは種を取り、2mm厚さの薄切りにする。にらは3cm長さに切る。
3. フライパンにごま油の半量を中火で熱し、Aを炒める。香りが立ったら玉ねぎ、パプリカを加えて炒め、1を加えて炒める。
4. Bを加えてふたをし、汁けがなくなるまで8分ほど炒め煮する。
5. にらを加えてさっと炒め、残りのごま油をまわしかける。

いりこの中華そば

いりことささみから出ただしを、そのままスープに。
ささみに火を入れすぎず、しっとり仕上げるのがポイントです。

P.067

材料（2人分）

中華麺 … 2束
鶏ささみ（筋を取る）… 3本
長ねぎ（みじん切り）… 10cm分
ゆで卵（半熟）… 2個

A
- パリパリいりこ … 10本
- しょうが（薄切り）… 1/2かけ分
- 水 … 2と1/2カップ
- 酒 … 大さじ1

塩 … 小さじ3/4

作り方

1. 鍋にAを入れ、中火にかける。アクを取りながらひと煮立ちさせ、ささみ、長ねぎを加えて2分半ほど煮る。塩を加え、火を止める。
2. 別の鍋で中華麺を袋の表示通りにゆでる。
3. 2を器に盛り、1のスープをいりごと注ぎ、食べやすく切ったささみ、半分に切った半熟卵をのせる。

いりこだしを味わう
スープ＆鍋

大豆のミネストローネ→P.072

いりこだしの和ポトフ→P.073

大豆のミネストローネ

いりこだしを使えば、ベーコンなしでも満足の味わいに。
大豆をたっぷり入れた、腹持ちのいいスープです。

P.070

材料（2人分）

ズッキーニ … 小1本（150g）
玉ねぎ … 1/2個
トマト … 大1個
大豆（水煮） … 80g
にんにく（つぶす） … 1/2片分
オリーブオイル … 小さじ2
A
- いりこだし … 1と3/4カップ
- 酒 … 大さじ1

塩 … 小さじ1/3
こしょう … 少々

作り方

1. ズッキーニ、玉ねぎ、トマトは1cm角に切る。
2. 鍋ににんにく、オリーブオイルを中火で熱し、香りが立ったら**1**を加え、しんなりするまで炒める。
3. 大豆、**A**を加えてアクを取りながらひと煮立ちさせ、弱火にしてふたをし、10分ほど煮る。
4. 塩、こしょうを加え、味を調える。

MEMO

・いりこだしと洋野菜

うまみ成分の「グルタミン酸」を豊富に含むトマトは、いりこの「イノシン酸」と合わせると、相乗効果でおいしさが倍増します。生のトマトはもちろん、トマトソースやトマトピュレともよく合うので、トマト料理にはぜひいりこを使ってみてください。また、セロリやクレソンといったクセの強い洋野菜にも、いりこの風味は負けないので、ぜひ積極的に組み合わせてみましょう。

いりこだしの和ポトフ

鶏肉と野菜、いりこだしのハーモニーを味わえるスープ。
調味料も最低限に、やさしい味に仕上げました。

P.071

材料(作りやすい分量)

鶏手羽元 … 4本
なす … 2本
長ねぎ … 1本
キャベツ … 1/4個
A パリパリいりこ … 8〜10本
 酒 … 1/4カップ
 水 … 1ℓ
塩 … 小さじ1/5

作り方

1. 手羽元は水で洗ってよごれを取り、キッチンペーパーで水けをふく。なすは縦半分に切り、皮目に斜めに切り目を入れ、水にさらす。長ねぎは10cm長さに切る。キャベツは3等分に切る。
2. 鍋にAを入れて中火にかける。煮立ったら1を加え、アクを取りながらひと煮立ちさせる。
3. 弱火にして20分ほど煮て、塩を加え、味を調える。

きのこと春雨のとろみスープ→P.076

いりこだしとそら豆のポタージュ→P.077

きのこと春雨のとろみスープ

つるんとしたのどごしがうれしい「食べるスープ」。
最初にごま油できのこを炒めることで、コクが増します。

P.074

材料（2人分）

えのきたけ … 50g
しめじ … 50g
長ねぎ … 1/4本
春雨 … 30g
ごま油 … 小さじ1
A いりこだし … 2カップ
　酒 … 大さじ2
B ナンプラー … 小さじ2
　黒酢(酢でも可) … 小さじ2
ラー油 … 適宜

作り方

1. えのきは石づきを落とし、2cm長さに切ってほぐす。しめじは石づきを落とし、ほぐす。長ねぎは小口切りにする。
2. 春雨はぬるま湯に10分ほどつけて戻し、水けをきる。
3. 鍋にごま油を中火で熱し、**1**をしんなりするまで炒める。
4. **2**、Aを加えてひと煮立ちさせ、弱火にして8分ほど煮る。
5. Bを加えて味を調える。器に盛り、お好みでラー油をたらす。

MEMO

・酸味調味料といりこだし

私は個人的に「酸味」が好きで、毎食必ず一品は「酸っぱいおかず」が食卓に並ぶほどですが、料理していてよく思うのは、「いりこの力強いうま味に、酸味は合うなあ」ということ。米酢はもちろんのこと、黒酢やワインビネガー、レモン汁などとも相性がよく、いりこ料理のアクセントに活用します。逆にいつものマリネや酢の物に、いりこだしを加えてみても、新鮮なおいしさが生まれます。

いりこだしとそら豆のポタージュ

そら豆の甘さと風味を、いりこでキリリと引き締めました。
冷蔵庫にしばらくおき、冷製にしてもおいしいです。

P.075

材料(2人分)

そら豆 … 正味300g
玉ねぎ … 1/4個
A いりこだし … 2カップ
　酒 … 大さじ1
塩 … 小さじ1/3
オリーブオイル … 小さじ2
こしょう … 少々
いりこの粉末*(あれば) … 適量

*パリパリいりこを軽く割り、
すり鉢などで粗めにする。

作り方

1. そら豆は薄皮をむく。玉ねぎはみじん切りにする。
2. 鍋に**1**、Aを入れ、中火にかける。アクを取りながらひと煮立ちさせ、弱火にして8分ほど煮る。
3. 塩を加えて味を調え、ハンドミキサーなどでなめらかになるまで撹拌する。
4. 器に盛り、オリーブオイルをまわしかけ、こしょう、いりこの粉末をふる。

湯むきトマトのスープ

トマトをまるごとゴロンと使ったシンプルなスープ。
いりことトマト味の相性のよさを実感できるはず。

材料（２人分）

トマト … 2個

A
- にんにく（つぶす） … 1/2片分
- ローリエ … １枚
- いりこだし … 2カップ
- 白ワイン … 大さじ2

塩 … 小さじ1/3

オリーブオイル … 小さじ1

作り方

1. トマトは湯むきする。
2. 鍋にAを入れ、中火にかける。
3. 煮立ったら**1**、塩を加えて2分ほど煮る。器に盛り、オリーブオイルをたらし、トマトに塩少々（分量外）をのせる。

きゅうりのレモンスープ

すりおろしたきゅうりに、冷やしただしを注ぐだけ。
きゅうりは歯ごたえを残したほうが、おいしいです。

材料（２～３人分）

きゅうり … １本

レモン（薄切り） … 3枚

A
- いりこだし … 1と1/2カップ
- ナンプラー … 小さじ1
- 白ワイン … 大さじ1

こしょう … 少々

作り方

1. 鍋にAを入れて中火にかけ、ひと煮立ちしたら火を止める。粗熱が取れたら冷蔵庫で冷やす。
2. きゅうりは鬼おろしか粗めのおろし器ですりおろし、軽く水けをきる。
3. 器に**2**、レモンを入れ、**1**を注ぎ、こしょうをふる。

いりこのおでん

おでんに里いもを入れるのは、私の母の定番レシピ。
下ゆでしてぬめりを取っておくと、煮汁がにごりません。

材料(作りやすい分量)

大根 … 1/2本
里いも … 5〜6個
がんもどき … 4〜5個
結びしらたき … 6個(150〜180g)

A
パリパリいりこ … 10本
酒 … 1/4カップ
水 … 3カップ

B
しょうゆ … 小さじ2
塩 … 小さじ1/4

作り方

1. 大根は3cm厚さの輪切りにして皮をむく。鍋に入れ、かぶるくらいの水、塩ひとつまみ(分量外)を加え、中火にかける。煮立ったら弱めの中火にし、ふたをして15分ほど煮てざるに上げ、冷水で洗って水けをきる。
2. 里いもは皮をむき、大根と同様に、水、塩を加えて15分ほど煮る。ざるに上げ、流水で洗って、水けをきる。
3. 鍋に**1**、がんもどき、しらたき、Aを入れ、中火にかける。煮立ったら弱火にし、ふたをして20分ほど煮る。
4. **2**、Bを加え、さらにごく弱火で15分ほど煮る。一度冷ましてから温め直すと味がしみる。

鶏とわけぎのさっぱり鍋→P.084

チンゲン菜と豆腐のいりこ鍋→P.085

鶏とわけぎのさっぱり鍋

骨つきの鶏肉から出るだしと、いりこだしを合わせて。
ごぼうはピーラーで薄く削ると、食べやすく、味もしみます。

P.082

材料(2人分)

鶏ももぶつ切り肉 … 500g
わけぎ … 6〜7本
ごぼう … 1/2本(約100g)
しょうが … 1かけ
A いりこだし … 2と1/2カップ
　酒 … 大さじ2
塩 … 小さじ1/3
すだち(薄切り) … 4〜5枚

作り方

1. 鶏肉は水で洗い、キッチンペーパーでよごれをふき取る。ごぼうは皮をこそげ取り、ピーラーで長めにそぎ、水に5分ほどさらして水けをきる。わけぎは4等分の長さに切る。しょうがは皮つきのまま、薄切りにする。
2. 鍋にA、しょうがを入れて中火にかける。煮立ったら鶏肉を加え、アクを取りながらひと煮立ちさせる。弱めの中火にし、ふたをして10分ほど煮る。
3. ごぼうを加え、さらに7〜8分煮て、塩を加え、味を調える。わけぎ、すだちを加え、さっと煮る。

チンゲン菜と豆腐のいりこ鍋

豆腐やれんこん、チンゲン菜などやさしい味わいの具を
いりこだしでコトコト煮ます。スープもたっぷりいただきましょう。

P.083

材料（2人分）

チンゲン菜 … 4株
絹ごし豆腐 … 2丁
れんこん … 150g
A
　パリパリいりこ … 10本
　昆布 … 5cm角1枚
　酒 … 1/4カップ
　水 … 2カップ
　塩 … 小さじ1/3
ゆずの皮（せん切り）… 8g
ポン酢しょうゆ・ゆずこしょう … 各適量

作り方

1. チンゲン菜は長さを3等分に切る。豆腐は1丁を6等分に切る。れんこんは皮をむき、2mm厚さの輪切りにし、水に5分ほどさらし、水けをきる。
2. 鍋に**A**を入れて中火にかける。煮立ったられんこんを加え、透き通るまで煮る。
3. 豆腐、チンゲン菜を加え、5分ほど煮て、ゆずの皮を散らす。お好みでポン酢、ゆずこしょうをつけて食べる。

ちくわ天と揚げもちのうどん鍋→P.088

セロリの餃子鍋→P.089

ちくわ天と揚げもちのうどん鍋

ちくわ天といりこだしといえば、讃岐うどんで定番の組み合わせ。
お正月におもちが残ったら、こんなお鍋はいかがでしょう。

P.086

材料（2人分）

ちくわ … 2本
もち … 2個
長ねぎ … 1本
菜の花 … 200g
ゆでうどん … 1玉
揚げ油 … 適量

A
- 薄力粉 … 大さじ3
- 冷水 … 大さじ5

B
- パリパリいりこ … 10本
- いりこだし … 2と1/2カップ
- 酒 … 大さじ2
- しょうゆ … 小さじ2
- 塩 … 小さじ1/4

白いりごま … 小さじ2

作り方

1. もちは1cm角に切り、ざるに広げ、ひと晩干す。
2. ちくわは縦半分に切り、合わせた**A**にくぐらせて、180℃に熱した揚げ油で2～3分揚げる。同じ油で**1**をひとつずつ離して加え、ふくらんできつね色になったら取り出す。
3. 長ねぎは1cm幅の斜め切りにし、菜の花は固い軸の部分を切り落とす。
4. 鍋に**B**を入れて中火にかけ、煮立ったらうどん、長ねぎを加え、10分ほど煮る。
5. 菜の花、**2**を加えてさっと煮て、ごまをふる。

セロリの餃子鍋

餃子にもスープにも、香りのいいセロリをたっぷり入れて
いりこのうま味でまとめ上げた、体も心も大満足な一品です。

P.087

材料（2人分）

セロリ … 80g
セロリの葉 … 8枚
豚ひき肉 … 120g
しょうが（すりおろし） … 1かけ分
餃子の皮 … 16枚

A
- 紹興酒（酒でも可） … 小さじ1
- しょうゆ … 小さじ1
- 塩 … 小さじ1/4
- ごま油 … 小さじ1

B
- パリパリいりこ … 10本
- 紹興酒（酒でも可） … 大さじ2
- 水 … 2と1/2カップ
- 塩 … 小さじ1/4

作り方

1. セロリは筋を取り、みじん切りにする。セロリの葉は半量をみじん切りにする。
2. ボウルに**1**、ひき肉、しょうが、**A**を入れ、粘りが出るまでよく混ぜる。
3. **2**を16等分し、餃子の皮にのせて(a)、ふちに水をつけて包む(b)(c)。
4. 鍋に**B**を入れて中火にかけ、煮立ったら**3**を加え、アクを取りながら10分ほど煮る。残りのセロリの葉をざく切りにして加え、さっと煮る。

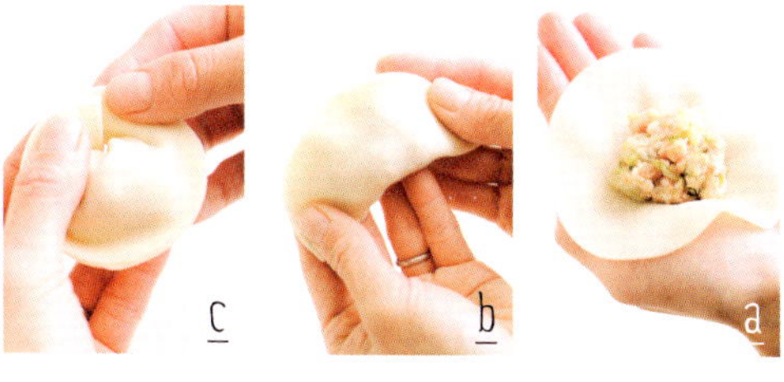

POINT

具を餃子の皮の中央にのせ、ふちに水をつけ、ふたつに折りたたむ。片方の端に水をつけ、円を作るようにもう片方の端を引き寄せ、くっつけてとめる。

いりこコラム

-02-

栄養満点ないりこだし

カタクチイワシ(煮干し) 栄養成分値

・エネルギー	332kcal
・たんぱく質	64.5g
・脂質	6.2g
・炭水化物	0.3g
・ナトリウム	1700mg
・カリウム	1200mg
・カルシウム	2200mg
・マグネシウム	230mg
・リン	1500mg
・鉄	18.0mg
・ナイアシン	16.5mg
・ビタミンB_{12}	41.3μg
・葉酸	74μg
・コレステロール	550mg
・食塩相当量	4.3g

＊可食部100gあたりの成分

『日本食品標準成分表2015年版(七訂)』より

いりこの栄養成分を見ると、カルシウム、鉄、カリウムなどが豊富に含まれていることがよくわかります。特にカルシウムは100gあたり2200㎎と豊富で、その吸収を助けるビタミンDも含まれています。鉄分は体に吸収されやすいヘム鉄なので、貧血の予防にもおすすめです。

DHA、EPAなど不飽和脂肪酸も豊富で、だしがらもまるごと食べることは、栄養面からも利にかなっているのです。タウリンやカリウム、ビタミンB_{12}なども多く含まれていますが、これらは水溶性なので、だし汁を飲むだけでも吸収されます。

ただし塩分は少し高めなので、調理するときは、塩やしょうゆなど味つけは控えめを心がけるようにしましょう。

第3章

もっと〝いりこ〟活用術

いりこ生活を続けていると「こんな使い方もできるかも?」と、いろんなアイデアがふくらんできます。いりこをそのまま漬け込んだだれや作りおき、だしがらを活用した料理や佃煮などは、だし汁だけでなく、いりこをまるごと、おいしく食べるための工夫です。いりこそのものにも塩味があるので、味つけ素材・調味料としてイメージすると、料理の発想も広がります。

なおだしがらは、水けをきって保存袋に入れ、冷凍保存をしてためてから使うようにします。

IRIKO
KATSUYO-JUTSU

いりこの
たれ&作りおき

［いりこ酒］

和食でおなじみの「煮切り酒」に
いりこのうま味が加わりました。
素材のうま味がぐーんと引き立ちます。

↓

ARRANGE

[いりこ酒]

材料（作りやすい分量）

パリパリいりこ … 10本
酒 … 3/4カップ
塩 … 小さじ1/5

MEMO

青菜のおひたし、酢の物、和風マリネなどに加えたり、焼き魚、炒め物などにもひとふりすると、風味が増します。しょうゆと混ぜて冷や奴にたらしたり、お刺身に添えてもいいでしょう。

作り方

1. 耐熱の保存容器にパリパリいりこを入れる。
2. 鍋に酒、塩を入れて中火にかけ、ひと煮立ちさせる。熱いうちに**1**に注ぎ入れる。半日ほどおいて味をなじませる。

＊冷蔵庫で約2週間保存可能。

白身魚の昆布じめ

淡白な白身魚を、いりこ酒の風味でボリュームアップ。
かいわれも一緒にしめると、うま味が移ります。

材料（2人分）

白身魚（鯛、ひらめなど・刺身用）
… 150g
塩 … 小さじ1/4
昆布 … 5×10cm 3枚
かいわれ … 適量
いりこ酒
酒 … 小さじ2
漬けたいりこ … 6本

作り方

1. 白身魚は塩をふり、10分ほどおく。キッチンペーパーで水けをふき、昆布2枚ではさむ。
2. 根元を切り落としたかいわれを**1**の上にのせ、塩ひとつまみ（分量外）をふり、さらに昆布を上にのせ、はさむ。ラップをして、冷蔵庫で1時間ほどおく。
3. 白身魚を食べやすい大きさに切って器に盛り、かいわれと漬けたいりこを添え、「いりこ酒」をまわしかける。

＊使った昆布は水でよく洗って戻し、煮物などに活用するとよい。

［いりこの万能しょうゆ］

「だししょうゆ」のいりこ版ですから、使い道は無限大。
新鮮ないりこで作るのがポイントです。

↓

ARRANGE

[いりこの万能しょうゆ]

材料(作りやすい分量)

パリパリいりこ … 12本
昆布 … 3cm角1枚
しょうゆ … 1カップ
酒 … 大さじ3
みりん … 大さじ2

作り方

1. 材料すべてを合わせ、ひと晩おく。
2. 鍋に**1**を入れて弱めの中火にかけ、ひと煮立ちさせて火を止め、そのまま冷ます。

＊保存容器に入れ、冷蔵庫で約3週間保存可能。昆布は次の日に取り出す。

MEMO

希釈してうどん、そばのつゆや煮物の煮汁に。青菜のおひたしにかけたり、炒め物やあえ物の味つけにも。普通のしょうゆと同じように使うと、いつもの味がランクアップします。

わけぎのおひたし

「ぬた」でおなじみのわけぎを、さっとゆでておひたしに。
漬けたいりこと一緒に食べてもおいしい。

材料(2人分)

わけぎ … 80g
いりこの万能しょうゆ
　しょうゆ … 小さじ2
　漬けたいりこ … 2本

作り方

1. わけぎはさっとゆで、食べやすい長さに切る。水けを絞り、器に盛る。
2. 「いりこの万能しょうゆ」をまわしかけ、漬けたいりこをのせる。

［いりこのポン酢しょうゆ］

おなじみのポン酢もいりこなら、
力強い味わいに。
お正月の時期に橙《だいだい》が手に入ったら、
加えるのもおすすめです。

↓

ARRANGE

[いりこのポン酢しょうゆ]

材料（作りやすい分量）

A
- パリパリいりこ … 10本
- しょうゆ … 3/4カップ
- みりん … 大さじ2
- 酒 … 大さじ3

B
- ゆず果汁 … 大さじ1
- かぼす果汁 … 大さじ1
- すだち果汁 … 小さじ2

作り方

1. 鍋にAを入れ、中火にかける。煮立ったらBを加えてひと煮立ちさせ、火を止めて冷ます。

＊保存容器に入れ、冷蔵庫で約3週間保存可能。

MEMO

鍋料理や天ぷらのつゆに。菜種油やオリーブオイルと合わせて、サラダのドレッシングに。大根おろしや、豚肉・鶏肉などの炒め物、野菜のあえ物などの味つけにもどうぞ。

豚バラ肉と春菊のポン酢あえ

お手頃価格の豚バラ肉も、いりこポン酢でリッチなおかずに。
さわやかな香りの春菊と合わせると、おいしさが引き立ちます。

材料（2人分）

- 豚バラ薄切り肉 … 150g
- 酒 … 大さじ1
- 春菊 … 1/2束

A
- いりこのポン酢しょうゆ … 大さじ1
- 漬けたいりこ … 6本
- 白いりごま … 小さじ1
- ごま油 … 小さじ1

作り方

1. 豚肉は酒を加えた湯で1分ほどゆで、ざるに上げる。春菊は食べやすい長さに切る。
2. 1を合わせ、Aを加え、さっとあえる。

「いりことドライトマトのオリーブオイル漬け」

P.100

以前イベントで販売したら、大好評ですぐに売り切れてしまいました。いりことオリーブオイルの相性のよさを実感できる一品。

↓

ARRANGE

いりことドライトマトのパスタ→P.100

「いりことするめの黒酢漬け」

P.101

日本酒のアテにぴったりの一品です。黒酢のほか、寿司酢で有名な「赤酢」で作るのもおすすめです。

↓

ARRANGE

焼き油揚げのいりこ酢のせ→P.101

P.098

［ いりことドライトマトのオリーブオイル漬け ］

材料(作りやすい分量)

- **パリパリいりこ** … 12本
- ドライトマト … 8個
- 白ワイン … 大さじ2
- 塩 … 小さじ1/3
- オリーブオイル … 3/4カップ

MEMO

漬けたドライトマトやいりこはチーズと一緒にパンにのせ、ワインのおつまみに。オイルはきのこソテーや洋風の炒め物に活用したり、サラダのドレッシングやマリネ料理に。

作り方

1. 鍋に白ワインを入れて弱火にかけ、ひと煮立ちさせてアルコールを飛ばす。
2. パリパリいりこに塩をまぶし、**1**に加えて2時間ほどおき、いりこをやわらかくする。耐熱の保存容器に移し、ドライトマトを加える。
3. 鍋にオリーブオイルを入れ、弱めの中火にかける。菜箸を入れて小さな泡が出るまで温め、熱いうちに**2**に注ぐ。ひと晩おいて味をなじませる。

＊密閉し、常温で約1か月保存可能、密閉しない場合は、冷蔵庫で保存する。

いりことドライトマトのパスタ

いりことトマトの風味が移ったオイルを使うから
味つけは塩だけでも、充分満足の味わいに。

P.098

材料(2人分)

- **いりことドライトマトのオリーブオイル漬け**
  - 漬けたいりこ … 8本
  - ドライトマト … 4個
  - オイル … 小さじ2
- スパゲッティ … 160g
- 玉ねぎ … 1/2個
- 塩 … 小々
- パセリ(みじん切り) … 小さじ1/2

作り方

1. ドライトマトは粗く刻む。玉ねぎは薄切りにする。
2. スパゲッティは袋の表示通りゆでる。
3. フライパンにいりこ、ドライトマト、オイルを中火で熱し、玉ねぎを加えて透き通るまで炒める。
4. ゆで上がった**2**、ゆで汁大さじ3を加えてなじませ、塩を加えて味を調える。
5. 器に盛り、パセリを散らす。

[いりことするめの黒酢漬け]

P.099

材料(作りやすい分量)

パリパリいりこ … 12本
するめ(いかの干物) … 80g

A
- 黒酢(酢でも可) … 3/4カップ
- みりん … 大さじ3
- 酒 … 大さじ2
- 塩 … 小さじ1/4

MEMO

漬けたいりことするめはおつまみにしたり、ゆでた青菜などとあえ物に。漬け汁は、酢めしを作るときに活用したり、酢の物やマリネ料理に加えるとよい。

作り方

1. するめは1cm幅に細長く切り、パリパリいりことともに耐熱の保存容器に入れる。
2. 小鍋にAを入れて弱めの中火にかけ、ひと煮立ちさせる。火を止め、熱いうちに1に注ぐ。粗熱が取れたらふたをして、冷蔵庫で保存する。

＊冷蔵庫で約3週間保存可能。

焼き油揚げのいりこ酢のせ

お揚げを焼いていりこ酢をのせただけでも、立派な一品に。
時間がないときのお助けメニューです。

P.099

材料(2人分)

油揚げ … 1枚
いりことするめの黒酢漬け
- 漬けたいりこ・するめ … 各7〜8本
- 漬け汁 … 大さじ1

ごま油 … 小さじ1/2
七味唐辛子 … 少々

作り方

1. 油揚げは焼き網かグリルで両面に焼き目がつくまで焼き、食べやすい大きさに切る。
2. 器に盛り、いりことするめをのせる。漬け汁とごま油をまわしかけ、七味唐辛子をふる。

〃だしがら〃再利用レシピ

青菜といりこのしょうが炒め→P.104

いりことパセリのフライ→P.104

いりことれんこん、
パプリカのピクルス→P.105

いりこのひじき煮→P.105

青菜といりこのしょうが炒め

だしがら活用法の中で、最も気軽で簡単な料理です。
チンゲン菜やターツァイ、春菊で作るのもおすすめ。

P.102

材料（2人分）

いりこのだしがら … 12本
小松菜 … 1/2束
にんにく（つぶす） … 1/2片分
酒 … 大さじ1
塩 … 小さじ1/4
ごま油 … 小さじ2

作り方

1. 小松菜は食べやすい長さに切り、冷水にさらす。
2. フライパンににんにく、ごま油を弱めの中火で熱し、香りが立ったらだしがらを加えてさっと炒める。
3. 水けをきった**1**、酒を加え、手早く炒め合わせる。全体がなじんだら塩をふり、味を調える。

いりことパセリのフライ

揚げ油を含んで香ばしくなったいりこも、独特のおいしさ。
パセリとチーズをアクセントに効かせます。

P.102

材料（2人分）

いりこのだしがら … 30本
パン粉 … 1/2カップ
A
- 卵 … 1個
- 薄力粉 … 大さじ4
- パセリ（みじん切り） … 大さじ2
- 粉チーズ … 大さじ2
- 水 … 大さじ2

揚げ油 … 適量

作り方

1. Aは、よく混ぜ合わせる。
2. だしがらは5〜6本を合わせて**1**をからめ、パン粉をまぶす。
3. 揚げ油を180℃に熱し、**2**を入れ、きつね色になるまで揚げる。器に盛り、お好みですだち（分量外）を添える。

いりことれんこん、パプリカのピクルス

いりこのコクが効いた和風ピクルス。
だしがらでも充分おいしい一品になって、得した気分です。

P.103

材料（作りやすい分量）

いりこのだしがら … 12本
れんこん … 100g
パプリカ（赤） … 1/2個
A
- 酢 … 120mℓ
- 水 … 1/2カップ
- てんさい糖 … 大さじ1
- ナンプラー … 大さじ1
- 塩 … 小さじ1/4

作り方

1. れんこんは皮をむき、5mm厚さの半月切りにし、水に5分ほどさらす。パプリカは種を取り、5mm幅に切る。
2. 沸騰した湯に塩ひとつまみ（分量外）を加える。水けをきったれんこんを加え、1分ほどゆでてざるに上げ、水けをよくきる。パプリカも同様にゆで、ざるに上げる。
3. 小鍋にAを入れて中火にかけ、ひと煮立ちさせる。熱いうちに**2**とだしがらを漬け、半日ほどおいて味をなじませる。

＊粗熱が取れたら保存容器に入れ、冷蔵庫で約3週間保存可能。

いりこのひじき煮

カルシウムや鉄分がたっぷりとれる常備菜です。
野菜を入れることで、彩りもよいおかずに。

P.103

材料（作りやすい分量）

いりこのだしがら … 15本
長ひじき（乾燥） … 20g
にんじん … 60g
スナップえんどう … 8本
A
- 酒 … 大さじ2
- 水 … 80mℓ
- しょうゆ … 小さじ2

ごま油 … 小さじ1

作り方

1. ひじきはたっぷりの水に10分ほどつけて戻す。にんじんはせん切りに、スナップえんどうは筋を取り、7～8mm幅の斜め切りにする。
2. 鍋にごま油を中火で熱し、ひじき、にんじん、だしがらを炒める。
3. 全体に油がまわったらスナップえんどう、Aを加え、汁けがなくなるまで炒め煮する。

〝だしがら〟でごはんの友

いりことマッシュルームのペースト→P.108

うま味の強いマッシュルームと
一緒に洋風ペーストに。
バゲットに塗って、
ワインのお供にしましょう。

いりこと昆布の山椒佃煮→P.108

おなじみ昆布の佃煮にいりこを
入れたら、うま味が倍増。
清涼感のある山椒の風味で、
ごはんがすすみます。

いりことごまの梅佃煮→P.108

そもそもイワシと梅だから、
鉄板の組み合わせ。
ごはんに混ぜて、おむすびに
してもおいしいです。

いりことねぎの黒酢しょうゆ→P.109

酸味と合ういりこは、
黒酢ともよくなじみます。
ねぎは軽く焦げ目をつけることで、
香ばしく。

いりこのおかずラー油→P.109

根強い人気の
「食べるラー油」をいりこ風味に。
麺類やチャーハンの
トッピングにもどうぞ。

P.106

いりことマッシュルームのペースト

材料（作りやすい分量）

パリパリいりこ … 15本
マッシューム … 6個
玉ねぎ … 1/4個
A
にんにく（みじん切り）… 1片分
白ワイン … 1/4カップ
バルサミコ酢 … 大さじ2
黒こしょう（粒）… 5粒
オリーブオイル … 1/2カップ
塩 … 小さじ1/2

作り方

1. パリパリいりこは長さを半分に割る。マッシュルームは石づきを取り、粗みじん切りにする。玉ねぎはみじん切りにする。
2. 鍋に**1**、Aを入れて中火にかける。煮立ったら弱火にし、ときどき混ぜながら12分ほど煮る。火を止め、粗熱を取る。
3. フードプロセッサーでなめらかになるまで撹拌し、塩を加え、味を調える。

＊保存容器に入れ、冷蔵庫で約2週間保存可能。

P.106

いりこと昆布の山椒佃煮

材料（作りやすい分量）

パリパリいりこ … 20本
細切り昆布 … 30g
A
酒 … 大さじ2
みりん … 大さじ3
水 … 1と1/2カップ
しょうゆ … 小さじ2
粉山椒 … 小さじ1

作り方

1. 昆布は水でさっと洗い、水けをきる。
2. 鍋にパリパリいりこ、**1**、Aを入れて中火にかける。煮立ったら弱火にし、アクを取り、ときどき鍋を揺すりながら、汁けがなくなるまで15分ほど煮る。
3. しょうゆを加えてさらに煮詰め、火を止め、粉山椒をふる。

＊保存容器に入れ、冷蔵庫で約3週間保存可能。

P.106

いりことごまの梅佃煮

材料（作りやすい分量）

パリパリいりこ … 20本
梅干し（塩分12～15％のもの・種を取る）… 3個
A
酒 … 大さじ2
水 … 1と1/4カップ
しょうゆ … 小さじ1
白いりごま … 大さじ2

作り方

1. 鍋にパリパリいりこ、包丁でたたいた梅干し、Aを入れ中火にかける。煮立ったら弱火にし、アクを取り、ときどき鍋を揺すりながら、汁けがなくなるまで15分ほど煮る。
2. しょうゆ、ごまを加えて混ぜ、火を止める。

＊保存容器に入れ、冷蔵庫で約3週間保存可能。

いりことねぎの黒酢しょうゆ

P.107

材料(作りやすい分量)

パリパリいりこ … 15本
長ねぎ … 1/2本
A
- 黒酢(酢でも可) … 3/4カップ
- みりん … 1/4カップ
- しょうゆ … 大さじ2

すだち果汁 … 大さじ1

作り方

1. 長ねぎは8cm長さに切り、焼き網かグリルで焼き目がつくまで焼いて縦半分に切る。
2. 耐熱の保存容器に**1**、パリパリいりこを入れる。
3. 小鍋に**A**を入れて中火にかける。ひと煮立ちさせたら火を止め、熱いうちに**2**に注ぎ、すだち果汁を加える。半日ほどおいて味をなじませる。

＊保存容器に入れ、冷蔵庫で約1週間保存可能。

いりこのおかずラー油

P.107

材料(作りやすい分量)

パリパリいりこ … 15本
A
- にんにく(みじん切り) … 1片分
- しょうが(みじん切り) … 1かけ分
- 紹興酒(酒でも可) … 1/4カップ
- 粉唐辛子 … 小さじ1と1/2
- 五香粉 … 小さじ2/3
- てんさい糖 … 大さじ1
- ごま油 … 1/2カップ

塩 … 小さじ1/2

作り方

1. パリパリいりこは長さを3〜4等分に割る。
2. 鍋に**1**、**A**を入れて中火にかける。煮立ったら弱火にし、ときどき混ぜながら10分ほど煮る。
3. 塩を加えて混ぜ、粗熱を取る。

＊保存容器に入れ、冷蔵庫で約3週間保存可能。

「やまくに」のいりこ紹介

上質な素材を選び、一本一本ていねいな手作業で作られる「やまくに」のいりこ。
いりこだし生活を始めるのにぴったりな、代表的ないりこ商品6品をご紹介します。

パリパリなので
炒らずに使える

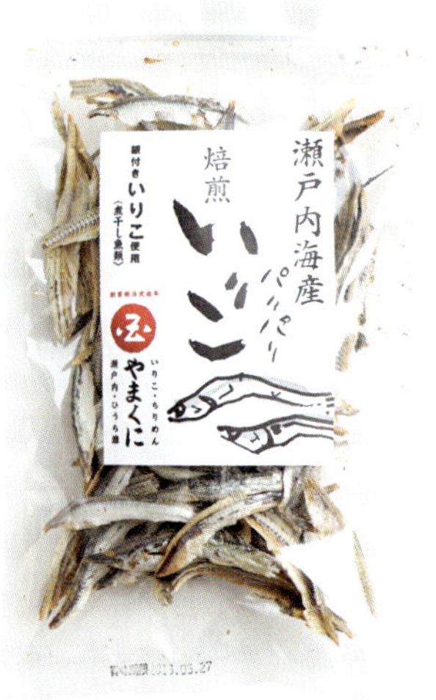

パリパリ焙煎いりこ
（プレーン）

生ぐささやえぐみの原因となるはらわたとエラを手作業でていねいに取り除き、時間をかけてパリッと焙煎。おつまみにはもちろん、そのまますぐに料理やだしとりに使えるので便利です。

味は絶品！
いりこの最上級品

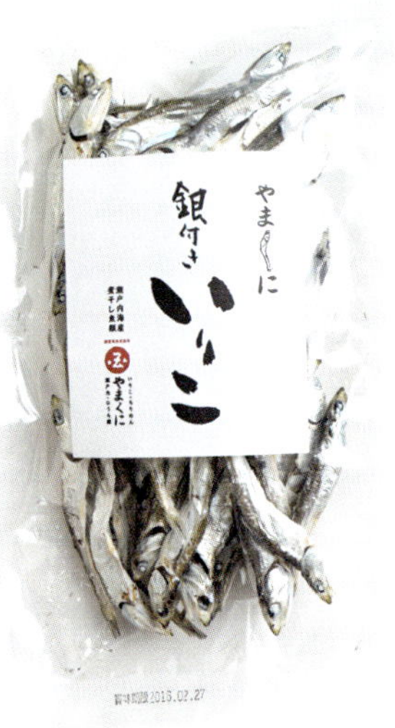

銀付きいりこ

伊吹島近海で漁獲される、肌がつやつやと美しい「銀色のいりこ」のみを手選りしたもの。えぐみや苦味がなく、上品で深い味わいのだしをとることができます。そのまま食べてもおいしい。

半生さぬきうどん

国産小麦100%使用、添加物不使用。小麦粉と天然塩のみで製麺した、いりこだしに合ううどん。やや細めですがしっかりとしたコシがあり、つるっとしたのどごしがおいしいです。

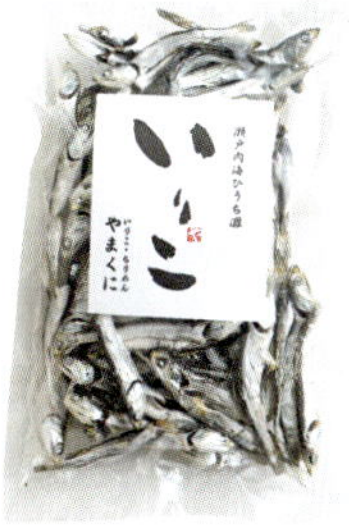

大羽いりこ

銀付きいりこよりさらに育って、やや身の大きい瀬戸内海産のいりこを使用。脂分が少なく、身が引き締まっており、力強くコクのあるだしをとることができます。

やまくにのいりこだしつゆ

いりこの頭からエラを手作業で取り除き、焙煎加工してだしをとり、本みりん・しょうゆ・和三盆・三温糖などで味を調えた、添加物不使用のだしつゆ。煮物や炒め物の隠し味にもどうぞ。

やまくにのいりこだし
(いりこだしパック)

銀付きいりこのはらわたとエラを取り、焙煎加工した後、低温乾燥した原木しいたけと真昆布をブレンドした、贅沢だしパック。みそ汁はもちろん、スープやカレーにも活躍します。

いりこのやまくに

香川県観音寺市杵田町丙1861-1
☎0875-25-3165
e-mail:info@paripari-irico.com
http://www.paripari-irico.com/

瀬戸内「やまくに」の
いりこで
毎日おかず

2016年4月15日　初版第1刷発行

著　者　ワタナベマキ
発行者　香川明夫
発行所　女子栄養大学出版部
http://www.eiyo21.com

〒170-8481
東京都豊島区駒込3-24-3
電話　03-3918-5411（営業）
　　　03-3918-5301（編集）
振替　00160-3-84647

印刷所　大日本印刷株式会社

ISBN978-4-7895-4503-7

料理・スタイリング
ワタナベマキ

料理家。
「やまくに」のいりこに出会って
その力強いうま味と深いコクに魅了され、
今ではは毎日の食卓にいりこといりこだしが
欠かせないほど。本書でも、だしをとるのみならず、
いりこをまるごと食べるレシピや、だしがらを
活用するアイデア、たれやペーストの作りおきなど、
多彩ないりこ料理を紹介している。

撮影協力
「やまくに」

創業明治20年。香川県観音寺市で
山下公一さん、万紀子さん、加奈代さんが営む
小さないりこの加工・製造元。
昔ながらの手作業で、1尾ずつていねいに
選別・加工されるいりこは、くさみやえぐみがなく、
そのまま食べても、だしをとってもおいしいと評判。
http://www.paripari-irico.com/

写真
三村健二

デザイン
大島達也、高橋 良（chorus）

取材・構成
田中のり子

校正
滄流社